Weihnachts Gruss Geschichten

Petra Hahn-Lütjen (Hrsg.)

BRUNNEN
Verlag GmbH · Giessen

WeihnachtsGrußGeschichten

für

....

mit besten Grüßen

....

MIX
Papier aus verantwortungsvollen Quellen
FSC® C083411
www.fsc.org

Umschlaggestaltung: Daniela Sprenger
Umschlagillustration: shutterstock
Satz: DTP Brunnen
Druck: CPI – Ebner und Spiegel, Ulm
ISBN 978-3-7655-4300-5

www.brunnen-verlag.de

Inhalt

Willkommensgrüße. Ein Vorwort.

Von Petra Hahn-Lütjen

Herzlich willkommen!

Willkommen, wenn für Sie „GUTES LESEN“ und „GUTES LEBEN“ zusammengehören!

Wir kennen uns ja nicht persönlich, aber ich will mal persönlich fragen: Wie ist das, wenn Sie an Menschen denken, die Sie schätzen, die Ihnen lieb und wert sind – egal, ob ganz in Ihrer Nähe oder weiter weg: Über welche Grüße freuen Sie sich da? Welche vermissen Sie? Welche Grüße ärgern Sie und welche Grüße wünschen Sie sich – insgeheim – und welche senden Sie?

Und was ist ein guter Gruß für Sie – eine WhatsApp-Nachricht, SMS oder Mail? Ein Brief, eine Karte, ein Päckchen an der Türklinke oder im Briefkasten?

Ist ein Gruß überhaupt immer irgendeine Art von Post? Oder vielleicht auch ein Blick? Ein guter Gedanke? Ein Gedanke, der zur Tat wird? Ein Anruf? Ein Gebet?

Und zu guter Letzt: Welche guten Grüße wollen Sie eigentlich lange schon mal loswerden?

Jetzt gehen erst einmal Grüße an Sie – mit besten Wünschen für eine gesegnete Advents- und Weihnachtszeit …

Herzlich,
Ihre Petra Hahn-Lütjen

Vergrüßt

Von Fabian Vogt

„… *herzliche Grüße.* Und bis bald. Dein Christoph.“

Er drückte erleichtert den roten Hörer auf seinem Telefon.

Puh.

Schon wieder Glück gehabt. Niemand zu Hause. Nur der Anrufbeantworter. Das hieß: kein langes Salbadern, kein emotionsgeladenes „Du! Wir haben uns echt ewig nicht mehr gesehen“, sondern nur ein kurzer Gruß aufs Band. Nach dem Piep: „Hallo, hier ist Christoph, zu Weihnachten wünsche ich dir alles Gute und ein frohes neues Jahr …“

Mit einer energischen Handbewegung strich er den nächsten Namen auf seiner Liste durch. Auch erledigt! Was für ein erfolgreicher Nachmittag.

Dieses Jahr hatte Christoph im Vorfeld lange überlegt, wann seine nervigen Verwandten und sogenannten Freunde mit größter Wahrscheinlichkeit nicht ans Telefon gehen würden. Damit er die Sache mit den Weihnachtsgrüßen entspannt erledigen konnte: „… herzliche Grüße. Und bis bald. Dein Christoph.“

Weihnachtsgrüße. So was Lästiges.

So. Jetzt blieb nur noch Onkel Jochen. Dann war er durch. Ausgerechnet Onkel Jochen! Der hatte ihm im vergangenen Jahr beim Weihnachtsanruf das Ohr blutig geschwätzt. Über den geplanten Umzug. Und die Probleme mit den Kindern. Dass der Foxterrier irgendeine Allergie hatte. Und die unfassbare Schönheit des Sammelns von algerischen Münzen. Eine Stunde lang. Unfassbar.

Aber jetzt war Onkel Jochen im Weihnachtsgottesdienst. Die ideale Gelegenheit, um blitzschnell die Pflicht als Neffe zu erfüllen – und dann mit einem wohligen Gefühl das ganze Getue hinter sich lassen. Vielleicht würde er sich einen Film angucken.

Christoph atmete einmal tief durch, wählte Onkel Jochens Handy-Nummer, freute sich über jedes verstreichende Klingeln und machte sich bereit: „Ja, hier ist Christoph …"

In diesem Moment wurde abgehoben: „Hallo!"

Eine helle Frauenstimme? Und zwar keine, die er kannte.

Verdutzt stammelte er: „Äh … ja … äh … hallo, wer spricht denn da?"

Die Frau schwieg einen Augenblick, dann sagte sie: „Das möchte ich auch gerne wissen."

Christoph schluckte: „Sie wissen nicht, wer Sie sind?"

Sie schien ein Lachen zu unterdrücken. „Doch. Ich meine: Sie sollen zuerst sagen, wer Sie sind."

Er zuckte mit den Schultern. „Angesichts der Tatsache, dass Sie das Handy meines Onkels nutzen, habe ich ja wohl als Erster das Recht zu erfahren, mit wem ich gerade spreche."

Aus dem Hörer kam ein Glucksen. „Nö!“

„Was? Hä? Haben Sie das Handy geklaut?“

Die Frau zögerte. „Denken Sie von Menschen immer zuerst das Schlechteste?“

Das brachte Christoph endgültig aus dem Konzept. „Jetzt sagen Sie schon: Wieso benutzen Sie das Handy meines Onkels?“

Wieder dauerte es einige Sekunden. Er hörte ihren Atem. Schließlich erklärte sie: „Wissen Sie: Ich bin spazieren gegangen. Und plötzlich hat es neben mir geklingelt. Einfach so. Auf dem Boden. Im Schnee. Da lag dieses Handy. Erst wollte ich weiterlaufen. Aber dann dachte ich: Geh doch mal ran. Ich vermute, dass das Telefon Ihrem Onkel aus der Tasche gefallen ist.“

Christoph stöhnte: „O Mann. Dabei ist ihm das Ding so heilig.“

„Ein Handy!“

„Das hab ich nur so gesagt. Egal. Ich glaube, er wäre Ihnen unendlich dankbar, wenn er es zurückbekäme.“

Die Frau, von der Christoph angestrengt versuchte, sich ein Bild zu machen, stieß offensichtlich mit ihrem Kragen gegen das Mikrofon (Was hatte sie wohl an?), denn es raschelte schrecklich. „Warten Sie, ich hole einen Stift aus der Tasche, dann können Sie mir die Adresse sagen, und ich schicke ihm das Teil.“

Die Adresse? Puh! Onkel Jochen war doch im Sommer in seinem Viertel umgezogen. Und er stand nicht im Telefonbuch. Lehrer eben.

Christoph murmelte: „Ich habe die Adresse nicht. Jedenfalls nicht griffbereit."

„Was? Sie haben die Adresse nicht? Was ist denn das für eine Familie?"

‚Recht hat sie', dachte er, doch sie sprach schon weiter: „Ganz gleich, wo Sie die Adresse Ihres Onkels herbekommen, Sie müssen sich beeilen. Der Akku hat nur noch zwei Prozent. Gleich ist Feierabend."

„Äh, warten Sie!" Er hämmerte mit den Fingern auf den Tisch. „Sehen Sie irgendwo eine Kirche?"

Wieder eine längere Pause. Dann: „Klar. Die Lutherkirche. Sind nur rund hundertfünfzig Meter. Warten Sie mal: Ja, ich kann sogar die Orgel hören."

Auf einmal war Christoph ganz aufgeregt: „Also … mein Onkel ist in dieser Kirche. In der Christvesper. Würden Sie mir … den Gefallen tun und gerade rüberlaufen? Das wäre wahrhaft ein christliches Werk."

Stille.

„Wie heißt das Zauberwort?"

„Was?"

Sie kicherte wieder: „Kennen Sie das nicht? Es ist jetzt übrigens nur noch ein Prozent Akku."

„Ach, so …" Er räusperte sich: „Würden Sie bitte … bitte bitte bitte … das Handy in die Kirche bringen."

„Aber gerne. Wenn Sie so gut erzogen sind. Woran erkenne ich denn Ihren Onkel?"

Christoph stieß die Luft aus: „Pff … also ungefähr eins fünfundachtzig groß, Geheimratsecken, dunkelblond …

genau … und eine rote Brille … ich bete, dass er die noch hat … aber daran erkennen Sie ihn auf jeden Fall … außerdem eine Frau und zwei Töchter, fünfzehn und neunzehn Jahre."

Er hörte durch den Hörer Schritte.

„Ich bin schon losgelaufen. Könnte klappen …"

„Sagen Sie mal …" Er war selbst von seinen Worten überrascht. „… warum ziehen Sie eigentlich am Heiligen Abend allein um die Häuser?"

Nach einer längeren Pause sagte sie ruhig: „Hab mich neulich von meinem Freund getrennt. Und weil ich keine Lust auf die ganzen Mitleidseinladungen hatte, hab ich mich entschlossen, heute allein zu feiern. Doch dann ist mir die Decke auf den Kopf gefallen … nun … ich musste einfach mal raus."

Er biss sich auf die Lippe. „Äh … ich weiß immer noch nicht, wie Sie heißen."

Da lachte sie wieder. Laut und fröhlich.

Dann war das Gespräch weg.

Einen Tag später, als Christoph vom Fitness-Studio nach Hause kam, blinkte sein Anrufbeantworter: „Hallo, hier ist dein Onkel Jochen. Wollte mich dafür bedanken, dass du das mit dem Handy organisiert hast. Was für eine sympathische Frau. Übrigens genau dein Alter. Und sie ist im Gottesdienst sogar bis zum Schluss geblieben. Nebenbei: Ich hab hier ihre Visitenkarte. Nur falls dich das interessiert."

Plötzlich klang seine Stimme belustigt: „Dafür müsstest du mich aber mal anrufen. Hey, dann könnte ich dir auch erzählen, wie es meiner Sammlung algerischer Münzen geht ..."

Friedenslicht und Friedensgrüße

Von Christoph Zehendner

„*Herzliche, ganz herzliche Grüße.* Von Rahel. Das ist meine, meine Frau".

Der gedrungene Mann am Eingang stammelt mehr, als dass er redet. Sein Umhang in unbestimmbarer Farbe ist mehrfach gestopft, seine ganze Erscheinung ärmlich. Eine unendlich lang scheinende halbe Minute schon steht er da im Halbdunkel, angelehnt an einen wackligen Wandpfosten. Unsicher, ja ratlos. Als wolle er sich im liebsten gleich wieder verziehen. Oder als müsse er erst einmal Kraft sammeln, bevor er den Raum betreten kann, der notdürftig von ein paar glühenden Holzscheiten in einer Feuerstelle erleuchtet ist.

Mehr als den gestammelten Gruß bringt er zunächst nicht heraus. Er schweigt, atmet schwer, dann erst wirft er einen kurzen Blick hinüber zu den Menschen, die da in einer Ecke kauern, Nur einen kurzen Moment lang schaut er zur Mutter, zum Vater, zu ihrem Baby. Dieser Anblick verändert ihn. Er wird ruhiger, beginnt zu strahlen. Doch nach wenigen Wimpernschlägen wandert sein Blick unruhig weiter durch den düsteren Raum.

„Schalom, wir kennen dich doch ... warst du nicht schon heute Nacht hier?“ Die junge Frau hat sich etwas aufgerichtet. Sie wirkt abgekämpft und müde, aber sie lächelt dem Besucher freundlich zu. Ein offenes, gewinnendes Lächeln, das den Mann an der Tür aufzuwärmen scheint.

„Schalom ... Schimon. Ich heiße Schimon. Und, ja: Ich war heute Nacht auch schon hier. Das war ja vielleicht was. Unfassbar. Ich habe danach kein Auge mehr zugekriegt. Das war so, so, so ...“

„So himmlisch, wolltest du sagen, Schimon?“ Die junge Frau lächelt wieder und wärmt die armselige Umgebung mit ihrem Strahlen. Und ganz besonders den unsicheren Mann an der Tür.

Der scheint aus diesem Blickwechsel unerwartete Kräfte zu beziehen. Mit einem tiefen Atemzug strafft er seinen Körper, räuspert sich und spricht mit deutlich kräftigerer Stimme als vorher: „Genau, ja, du sagst es. Und jetzt ... also ich bin Schimon, das wisst ihr ja jetzt. Ich bringe euch Grüße mit von Rahel, meiner Frau. Friedensgrüße. Sie hat mich noch einmal hergeschickt. Und später wird sie selbst auch noch vorbeikommen und die Kinder mitbringen. Sie ist schon mächtig gespannt auf euch! Und ich soll euch mit einem ganz besonderen Satz grüßen: ‚Gottes Friede möge euch und euer Kind erleuchten!‘.“

Schimon streift beim Reden seine Unsicherheit immer mehr ab. Satz für Satz wirkt er ruhiger, sicherer.

„Als das hier vorbei war, da bin ich sofort heimgerannt zu meiner Rahel. Ich wollte ihr doch sofort erzählen, was hier los war. Sie sollte es doch gleich als Allererste hören. Ich bin in unsere Hütte gestürmt, am anderen Ende des Städtchens – die ist auch nicht viel besser als euer Verschlag hier, aber sie hat wenigstens eine richtige Tür. Diese Tür hab ich aufgerissen und bin hinein zu Rahel und habe sie wachgerüttelt und mit einem Kuss nachgeholfen und …"

Der Mann in der Tür wirkt wie verwandelt. Lebendig und voller Kraft sprudeln die Worte nur so aus ihm heraus. Er ist schier nicht zu bremsen.

Die junge Frau hört ihm zu und streichelt dabei das Kind in ihrem Arm. Ihr Begleiter – schon etwas älter als sie – verfolgt die Szene ohne sichtbare Regung, wie ein Beobachter von außen.

„‚Rahel, ich hab den Retter gesehen', das waren meine ersten Worte, als sie die Augen aufschlug. ‚Ich habe den Retter der Welt gesehen, auf den wir schon so lange warten. Ich habe ihn mit eigenen Augen gesehen. Ich war ganz nah bei ihm. Ich habe vor ihm im Stroh gekniet. Zusammen mit den anderen, mit Eli, mit Aaron, mit Jitzchak. Und, stell dir vor, vorher haben wir schon Engel gesehen, Engel bei uns auf dem Feld! Wir hatten sie zuerst gehört. Sie sangen dieses unglaublich schöne Lied. Von der großen Ehre Gottes, vom Frieden für uns Menschen.

Einfach wunderschön. Nicht von dieser Welt. Wir staunten und summten mit und konnten es nicht fassen. Und dann sind wir losgerannt, so schnell wir konnten, dorthin, wo die Engel uns hingeschickt hatten.'"

Die junge Frau lächelt weiter, dann unterbricht sie Schimon mit einer Handbewegung: „Du erzählst das alles so lebendig, dass ich es noch einmal erlebe, Schimon. Sag mal, hat deine Rahel dir diese himmlische Geschichte denn sofort geglaubt?"

Der Mann stockt. Offensichtlich hatte er gar nicht mit der Möglichkeit gerechnet, dass seine Frau ihn wegen dieses Berichts auslachen könnte.

„Nein, das heißt ja, klar, sie hat mir geglaubt. Meine Rahel kennt mich. Wir haben schon so viel zusammen durchgemacht, wisst ihr ... Von Kindesbeinen an kennen und mögen wir uns. Unsere Familien wohnten im gleichen Dorf. Wir haben zusammen an den Gräbern unserer Eltern gesessen und uns die Augen ausgeheult. Wir haben sehr früh geheiratet und vier Kinder zusammen bekommen. Als unser Haus abgebrannt ist, haben wir einander getröstet. Als wir fliehen mussten, fort von der Heimat, waren wir füreinander da.

Wisst ihr, wir leben noch nicht lange hier in der Gegend, wir sind noch gar nicht richtig hier angekommen. Keiner will mit uns Ausländern etwas zu tun haben. Aber Rahel und ich, wir kämpfen gerade jetzt zusammen. Wir lassen uns nicht unterkriegen. Gemeinsam geht das. Ich hab endlich eine feste Arbeit – ich darf auf die Herden der reichen Leute aufpassen. Und Rahel wäscht für ein paar Familien die Wäsche.

Aber wieso erzähle ich euch das alles … Ihr wisst ja selbst, wie es den einfachen Leuten geht.

Na, ich will sagen: Rahel kennt mich besser, als ich mich selbst kenne. Die weiß, wenn es mir ernst ist. Sie hat mich nur angesehen und gesagt: ‚Mein lieber Schimi, das ist so schön, so wunderbar … erzähl mir alles, was du dir gemerkt hast, jede Kleinigkeit!'

Und so hab ich ihr dann alles erzählt, ein paar Mal hintereinander. Und ich hab sogar versucht, ihr das Lied der Engel vorzusingen. So kläglich, dass sie lachen musste. Ich sollte lieber nur den Text sagen, meinte sie, dann könnte sie es sich besser vorstellen. Alles habe ich erzählt. Und vor allem von, von eurem Baby da."

Schimon bricht seine mittlerweile schwungvoll fließende Rede ab und schweigt. Er blickt auf den schlafenden Säugling, den die junge Frau im Arm hält. Der raue Mann strahlt. Jetzt kann er sich nicht sattsehen an dem Kind.

„Nachdem ich alles erzählt hatte, einmal, zweimal, dreimal vielleicht, als ich ihr berichtet hatte von dem seltsamen Gefühl, dass dieses Baby da mich und mein Leben kennt, dass es weiß, was ich durchgemacht habe, dass es mich mag, dass ich wichtig für es bin … als ich ihr all das erzählt hatte, da sagte Rahel plötzlich, ich solle gerade mal ganz still sein.

Dann küsste sie mich. Und dann meinte sie: ‚Dieses kleine Wesen hat dich so verändert, mein Schimi. Du bist jetzt so fröhlich, so leicht, so unbeschwert. Wie ein kleiner Junge. Du hast alles vergessen, was dich sonst beschwert. Deine Bitterkeit, deine Angst, deine Sorgen – alles verflogen. Ich freue mich so mit dir! Darüber, dass du dieses Kind gesehen hast und dass es so viel in dir bewegt hat. Da muss tatsächlich Gott selbst seine Finger im Spiel haben, Schimi.'"

Wieder schweigt Schimon. Flüsternd spricht er weiter, weil jetzt offenbar ein besonders wichtiger Teil seines Berichts folgt: „,Und jetzt', so hat meine Rahel zu mir gesagt, ,und jetzt los! Du gehst auf der Stelle zurück zu dem Kind und zu seinen Eltern. Die brauchen bestimmt was zu essen. Geh gleich wieder hin und bedanke dich für das, was sie dir geschenkt haben, hörst du?'

Meine Frau sprang auf, rannte durch unsere Hütte und stöberte in allen Ecken nach etwas, was ihr drei brauchen könntet. Aber wisst ihr, wir sind arme Leute, wir haben selbst fast nichts. Und so hab ich für euch nur die beiden Fladen hier dabei. Wir hatten noch vier davon … Diese beiden sind für euch, und zwei behalten wir für unsere Kinder. Hier ist noch eine Handvoll Oliven. Und dann habe ich hier noch etwas …"

Schimon nestelt an seinem Umhang, greift in eine Tasche, die er über der Schulter trägt.

„Wir haben zu Hause zwei Lampen für die kalten, langen Nächte. Hier, eine ist für euch. Wir schenken sie euch. Wir bedanken uns damit. Diese Lampe soll euch

Licht spenden, wenn es mal dunkel in euren Herzen ist. Sie soll euch an das Friedenslied der Engel in dieser strahlenden Nacht erinnern. Sie soll leuchten, wenn das Baby vielleicht mal Angst hat. Damit ihr es nie vergesst: Gottes Friede möge euch und euer Kind erleuchten!"

„Uns und jeden Menschen auf diese Erde", ergänzt die junge Frau halblaut.

Schimon strahlt, beugt sich zu ihr hinunter. Mit ruhigen Händen holt er einen Docht aus seiner Tasche, steckt ihn in das tönerne Gefäß, gießt etwas Öl hinein. Dann zieht er ein glühendes Holzscheit aus dem Lagerfeuer und hält es so lange an den Docht, bis eine kleine Flamme zu brennen beginnt.

Ganz leicht schüttelt Schimon den Kopf, als spräche er zu sich selbst: „Euer Kind ist ein Licht für mich. Ein Licht, das Rahel sehen konnte, ohne dabei gewesen zu sein. Deswegen kriegt ihr unser Licht. Und tausend Friedensgrüße von meiner Rahel!"

Arglose Grüße

Von Andreas Malessa

„*Grüß herzlich!*", hatte Wolf-Rüdiger beim Abschiedskuss geflüstert. Wie jeden Morgen um halb sieben, wenn er als erster das Haus verließ und Roswitha noch ein Viertelstündchen im Bett blieb. Wen genau sie grüßen sollte, blieb offen: ihren Sohn Tobias, der kurz nach sieben zum Schulbus musste? Ihre Freundin, mit der sie heute zur Bauch-Beine-Po-Gymnastik und dann auf den Weihnachtsmarkt gehen würde?

Sie ließ den letzten Shampoo-Schaum an sich herunterlaufen und stellte die Dusche ab. Von unten her hörte sie zwei, drei unverständliche Rufe, dann fiel die Haustür krachend ins Schloss. Tobias, dachte sie. Der Junge hatte seine Siebensachen nie beisammen, fragte immer vorwurfsvoll nach irgendwas und war dann blitzschnell weg. Grußlos. Ein Teenager halt.

Roswitha wickelte ein Handtuch um den Kopf, verknotete es im Nacken, schlang sich ein zweites um den Körper, trat auf den Flur hinaus und – schrie vor Schreck schrill auf:

Ein pechschwarz gekleideter, groß gewachsener junger Mann mit Vollglatze und tätowiertem Stiernacken stand mitten in ihrer Wohnung … und machte sich an einer Klappe in der Wand zu schaffen!

Erschrocken fuhr der Fremde herum, ebenso erschrocken wich Roswitha ins Badezimmer zurück. Sie schlug die Tür zu. „Was … was machen Sie hier?!“

Sie schloss von innen ab. Ihr Puls raste.

„Der Junge hat mich reingelassen“, tönte es dumpf von draußen. „Ich bin der Schornsteinfeger!“

Ach ja? Nicht der Weihnachtsmann? Bevor sie etwas erwidern konnte, redete der Eindringling weiter: „Ich hatte Ihnen gestern einen Zettel an die Haustür gesteckt, dass wir heute früh die Kaminquerschnitts-Prüfung und die Emissionskontrolle…“

Unfassbar. Roswitha ärgerte sich über diese typische Behördenrarroganz.

Ohne zu fragen, werden Termine einfach kurzfristig angeordnet! Sogar noch zwei Tage vor Heiligabend. „Wir kommen morgen früh, mit freundlichen Grüßen“, basta. Der Schornsteinfeger nahm offenbar seine Arbeit wieder auf, jedenfalls schabte und kratzte irgendwas in der Wand.

Roswitha überlegte. Ihre Unterwäsche lag im Schlafzimmer. Hose und Bluse auch. Momentan unerreichbar. Der Brandschutzprüfer musste an der offenen Schlafzimmertür vorbeigegangen sein. Es sei denn, der dreizehnjährige Tobias hätte sie vorsorglich zugemacht. Sehr unwahrscheinlich.

War der Kerl mit seinen rußgeschwärzten Stiefeln etwa über den hellen Teppich gelatscht? Und woher wusste er überhaupt, dass sich die Klappe zum Luftschacht der Heizungsanlage gerade hier oben, gegenüber dem Badezimmer befand?

Roswitha löste das Handtuch im Nacken, schüttelte ihre feuchten Haare und begann sie zu föhnen. Deshalb überhörte sie das erste, höflich zaghafte Klopfen des Schornsteinfegers und reagierte jetzt, auf das entschlossen kräftige, umso erschrockener. Der will rein! Hilfe ! Vor ihrem inneren Auge erschien ein diabolisch grinsender Jack Nicholson, wie er mit der Axt eine Badezimmertür zertrümmert. „Shining“, der Horrorfilmklassiker.

Sie knipste den Föhn aus.

„Entschuldigen Sie“, der Mann im Flur klang verunsichert, „Ihr Telefon im Schlafzimmer klingelt. Ich kann's Ihnen reinreichen, wenn Sie wollen.“

Ihr Schreck wandelte sich in ein Gefühl grimmiger Überlegenheit. Eine kampfesmutige Souveränität stieg in ihr auf. Nee, nee, mein Lieber. Wenn du glaubst, der Trick mit dem Telefon öffnet dir die Tür zu einer nackten Frau, dann hast du dich aber geschnitten!

„Nein, nein!“, rief sie schnell, „sagen Sie, dass ich nachher zurückrufe.“

Jetzt erschrak sie über sich selbst. Ein spontaner, ein blöder Fauxpas.

Sie hatte soeben einem wildfremden Menschen erlaubt, an ihr Telefon zu gehen!

Oder wollte der große Schwarze nur hilfsbereit sein? Junge Leute haben gegenüber klingelnden Telefonen einfach zu wenig Widerstandskraft.

Gedämpft hörte sie von draußen die Stimme des Schornsteinfegers:

„Ja, Ihre Frau ist da. Aber … na ja, sie kann gerade nicht. Sie ruft lieber nachher zurück, okay? Ja, Wiederhören, schöne Grüße!“

Roswitha musste sich aufs Waschbecken stützen. Die Wärme im Bad, der Schreck und ihr Blutdruck verursachten Kopfschwindel. Am Telefon war Wolf-Rüdiger gewesen! In der Wand schrammte und rumorte es weiter, irgendwann wurde die Lüftungsklappe geschlossen und der Herr Emissionskontrolleur klopfte wieder an. Diesmal von vornherein recht deutlich.

„Ich geh noch in den Heizungskeller, okay?" Im Flur wurde es still.

Sie wartete und horchte. Ging er wirklich? Durfte sie es wagen, ihr feuchtwarmes Gefängnis zu verlassen?

Als sie erst zu ihren Kleidungsstücken, dann hinunter in die Küche huschte und die Kurzwahlnummer ihres Gatten tippte, fiel ihr Blick auf zwei, drei schwarze Abdrücke auf dem Teppichboden.

Wolf-Rüdigers „Hallo?" war gegen das Rauschen der Fahrgeräusche seines Wagens kaum zu verstehen. Ihr Mann war also noch unterwegs.

„Schatz, als du eben angerufen hast …", begann Roswitha mit bebender Stimme, aber ihr Mann im Auto überhörte diese Eröffnung offenbar und unterbrach sie: „Ja, ich hatte angerufen, weil ich dir nur schnell Bescheid sagen wollte", rief er, jetzt lauter, „dass heute der Schornsteinfeger kommt! Hab ich beim Rausgehen an der Haustür gelesen."

„Das ist lieb, danke. Aber der ist schon da! Und er ging einfach ans Telefon."

„Ach der war das vorhin? Dann ist er ja schnell heimisch geworden, hahaha.“

Dafür liebte sie ihren Mann. Für diese herzensgute Arglosigkeit.

Gibt’s das Wort eigentlich noch, fragte sie sich. Keinen Argwohn hegen, niemanden unter Generalverdacht stellen, keine vorauseilenden Unterstellungen äußern. Polizisten und Juristen nennen sowas „die Unschuldsvermutung“.

Nichts Böses denken, dachte sie, ist vielleicht gar nicht naiv, sondern einfach nur richtig. Richtig treu. Und das Gegenteil von Misstrauen und Eifersucht.

„Ich liebe dich“, nuschelte sie gedankenverloren. Was Wolf-Rüdiger im Auto nur als Funkrauschen wahrnahm.

Erst jetzt entdeckte Roswitha einen Tannenzweig, der zusammen mit einer kleinen Grußkarte an der Dunstabzugshaube über dem Herd klebte.

„Kein brandgefährlicher Unterdruck zwischen Wohnzimmerkamin und Küchen-Dunstabzug. Fröhliche Weihnachten! Mit herzlichen Grüßen, Ihr Schornsteinfegermeister Müller & Co“, stand da hingekrakelt.

„Aber abgesehen davon, dass er fremde Telefone abhebt“, rief sie überdeutlich, „ein ganz höflicher junger Mann, wirklich.“

Herzliche Grüße, deine Oma

Von Tanja Jeschke

„*Herzliche Grüße* und frohe Weihnachten, deine Oma." Ganz lapidar schrieb sie das immer auf ihre Weihnachtskarten. Denn aus den Festtagen machte sie sich genauso wenig wie aus dem Verabschieden, darüber huschte sie hinweg. Ankommen und Dasein im normalen Alltag waren ihr viel wichtiger. An Weihnachten sahen wir sie nie. In meiner Kindheit besuchte sie uns lieber überraschend, an irgendeinem Mittwoch zum Beispiel. Sie kam die neun Stunden mit dem Zug zu uns nach Norddeutschland gefahren, klingelte und stand lachend da. Wir waren völlig aus dem Häuschen vor Freude. Sie brachte uns Eszet-Schnitten mit, Hefezopf und allerlei „Schnickschnack", wie sie es nannte. Sie verbreitete den Duft von Dampfnudeln im Haus und spielte mit uns Schreibspiele, Dichterquartett und Fang den Hut. Meine Großmutter war ein Gruß des Himmels. Sie ließ den Alltag als Fest erscheinen.

Als siebzehnjähriges Mädchen war sie einen Sommer lang als Unterhalterin bei einer Gräfin auf dem Schloss Senftenau am Bodensee. Sie fuhr mit dem Ruderboot auf dem See herum, wenn sie nicht in Gesellschaft der Gräfin feine Spitzenkrägen stickte, die ich heute noch besitze. „Ich hatte viel Zeit und machte lange Radtouren, ganz allein und tagelang", erzählte meine Großmutter.

Mit zwanzig ging sie nach England und arbeitete als Kindermädchen bei einer jüdischen Familie in London, die die Sommermonate über in Zelten im Wald zu leben pflegte. Von ihrem ersten Gehalt kaufte sie sich silbernes Fischbesteck. Früh verheiratet stürzte sie sich in ihre Aufgaben als Pfarrfrau, bekam drei Töchter und hatte das Haus immer voll Besuch. Sie verstand etwas von Kunst und lernte Maler kennen, deren Werke sie in ihrem Wohnzimmer ausstellte, damit betuchtere Gäste sich eines kauften. Manchmal drehte sie nach ein paar Wochen ein Bild auf den Kopf. „Jetzt spricht es mich wieder neu an", sagte sie dazu mit einem geheimnisvollen Lächeln.

Dann kam das Dritte Reich. Ihr Mann wurde eingezogen, sie versorgte die Gemeinde allein und bekam eines Tages die Anfrage eines Pfarrkollegen aus dem Widerstand, ob sie bereit wäre, Juden bei sich aufzunehmen. „Selbstverständlich", sagte meine Großmutter. Da war sie Anfang 30. So lebten immer wieder für einige Wochen jüdische Ehepaare oder Einzelpersonen bei ihr im Haus mit, die sie als Ausgebombte aus Berlin ausgab. Versteckt halten konnte man im Pfarrhaus keinen Menschen.

Einmal half sie mit ihren jüdischen Freunden bei der Heuernte eines Bauern mit, wie es im Dorf so üblich war. Einer der Dorfbewohner war misstrauisch geworden und stellte ihr unentwegt Fragen über ihre „ausgebombten" Gäste. Meine Großmutter schlitterte auf dem Glatteis und wusste bald nicht mehr, was sie antworten sollte. „In dem Moment fing ein Gewitter an und wir mussten eilig vom Feld herunter. Das war unsere Rettung."

Eine jüdische Frau hatte es einmal nicht mehr ausgehalten, das Incognito im stillen Pfarrhaus. „Ich muss einfach einmal wieder in einer richtiges Café unter Leute", hatte sie gesagt und war in die Kleinstadt in der Nähe gefahren, hatte sich in ein öffentliches Café gesetzt und Torte gegessen. Es ging gut, die Frau kam unbeschadet zurück von ihrem hoch gefährlichen Ausflug. Dass sie die Familie meiner Großmutter dabei mitgefährdet hatte, schien ihr gar nicht bewusst. Für meine Großmutter war das kein Spaß.

Jung, wie sie war, vermisste meine Großmutter ihren Mann, der an der Front in der Ukraine stationiert war. Schließlich setzte sie sich eines Tages in den Zug und reiste in die Ukraine. Mitten hinein ins Kriegsgebiet. Sie wollte einfach ihren Mann besuchen, ihn überraschen. Krieg hin oder her. Er muss sehr gestaunt haben, das auf jeden Fall. Meine Großmutter kehrte heil zu ihren Kindern und Juden ins Pfarrhaus zurück.

Auch später, als sie schon viel älter war, liebte sie es, mit dem Zug irgendwohin zu reisen, zu einer Gemäldeausstellung, zu einem Menschen, und dann – statt langweilig nur heimzureisen – einfach ungeplant irgendwo auszusteigen, sich ein Zimmer zu nehmen und eine Nacht in der Fremde zu verbringen. Ohne Zahnbürste und Gepäck spontan mitten im Nirgendwo abzusteigen. Sich selbst dabei zu überraschen. „Herrlich, so unabhängig!", jubelte sie.

Und Witze gefielen ihr. Sie lachte dann ganz leise, aber so sehr, dass es sie schüttelte. Am Tisch sitzend, streckte sie dabei einen Arm lang auf der Tischplatte aus, legte den Kopf auf den Arm und ließ die Lach-Tränen fließen. Sie selbst kannte nur einen einzigen Witz, den sie immer wieder zu erzählen pflegte. Sie fand diesen Witz, bei dem es um Seidenstrümpfe und Seidenraupen ging, jahrzehntelang so ungeheuer komisch, dass sie oft nicht weiterkam beim Erzählen, weil sie vor Lachen schon nach wenigen Sätzen nicht mehr konnte. Wir wussten ja, wie der Witz ging, und konnten die Pausen dann ganz gut mit ihr aushalten.

Unerschrocken war sie auch. In unserer Verwandtschaft gab es eine entfernte Tante, die sich ein Leiden zuzog. Es bestand darin, zu meinen, sie müsse einen bestimmten Ring dringend sofort nach Jerusalem bringen. Sie stellte sich an die Autobahn und versuchte zu trampen, um ihrem Ziel irgendwie näher zu kommen. Es regnete und sie wurde schließlich in einem psychiatrischen Krankenhaus untergebracht. Kaum jemand aus der Großfamilie wagte es, die Tante in der geschlossenen Abteilung dort zu besuchen. Aber meine Großmutter fuhr mit Bus und Bahn mehrmals hin und aß mit ihr Kuchen. Wieder mitten hinein ins Kriegsgebiet. Ankommen und Dasein, wo sie jemand brauchte.

In den letzten 8 Jahren ihres 95-jährigen Lebens verabschiedete sich meine Großmutter durch Demenz. Ganz unaufgeregt und wie nebenbei verlor sie ihr Gedächtnis. Als sie dann starb, war sie nur noch winzig klein und sagte oft: Oh ja. Bei ihrer Beerdigung leuchtete der ganze Friedhof in dem großzügigen Licht der Überwindung. Die Eichhörnchen huschten über die Gräber hinweg, die Bäume bildeten grüne, luftige Dächer über den Trauergästen. Die zukünftige Welt war da, ganz plötzlich, wie ein überraschender Besuch. Ich bin angekommen!, schien meine Großmutter zu jubeln, herrlich, so unabhängig!

Flaschenpostgrüße

Von Mathias Jeschke

„*Herzliche Grüße!* Mange hilsener! Mathias Jeschke", so unterzeichnete ich meine kurze Nachricht auf dem aus dem Notizbuch gerissenen DIN-A5-Blatt. Obenan hatte ich die aktuelle Position unseres Schiffes vermerkt: 61° 34' North 4° 4' East, damit der mögliche Finder wusste, wo die Flasche ihre Reise begonnen hatte. Wir durchschipperten die Gewässer vor Bergen im Süden Norwegens.

Ich hatte den Kamin angefeuert. Die Flammen tanzten. Meine Kinder saßen um mich herum. Am Weihnachtsbaum brannten die Kerzen. Sie wollten wissen, was ein unerhörtes Ereignis ist. Wir hatten über den Besuch des

Engels bei Maria und die Jungfrauengeburt gesprochen. Und ich war auf den Begriff zur Charakterisierung einer klassischen Novelle gekommen, das unerhörte Ereignis. „Jetzt sag doch mal, was das ist!“ Sie ließen mir keine Ruhe. Also erzählte ich ihnen diese Geschichte, die ich selbst erlebt hatte, als ich noch jung war:

Ich schrieb also die Position unseres Schiffes auf das Blatt und neben ein paar freundlichen Worten hatte ich noch meine Heimatadresse dazugeschrieben. Man kann ja nie wissen und soll die Hoffnung nie aufgeben. Dann rollte ich den Zettel ein und steckte ihn in die ausgewaschene 0,3-l-Cola-Flasche und schraubte den roten Deckel drauf. Ich nahm die brennende Kerze und versiegelte den Verschluss mit heißem Wachs, damit mein Gruß an die Welt nicht nass wurde.

Ich verließ meine Kammer, stieg den Niedergang hinauf und öffnete das Außenschott. Das war mir in all den Monaten auf dem Schiff zur lieben Gewohnheit geworden, wann immer es möglich war, an Oberdeck zu gehen und die wunderbare Luft einzuatmen. Es war jedes Mal umwerfend herrlich, hinauszugehen unter den weiten Himmel, unter dem wir von nichts umgeben waren, als von der immensen Fläche der See. Ich trat an die Reling und warf, ohne groß weiter darüber nachzudenken, meine Flaschenpost außenbords. Es war nicht mein erster Gruß. Ich blickte hinaus und entdeckte an Steuerbord vorm Bug die flinken grauen Rücken. Eine Schule Tümmler war uns häufig knapp voraus.

Ich blieb nicht mehr lange an Bord, verließ das Schiff etwa ein Vierteljahr später. Aber eigentlich bin ich innerlich nie wirklich von Bord gegangen. Wer sich einmal mit der See vermählt hat, den lässt sie vermutlich nie wieder los. Die innigste Begegnung mit ihr hatte ich bei einem mehrtägigen Ritt bei zwölf Beaufort in der Biskaya. Ich wusste in jenen Stunden nicht, ob ich da lebend je wieder herauskommen würde. Und war gleichzeitig unglaublich fasziniert von der Kraft und Herrlichkeit des wütenden Meeres. Aber mein Gott wollte mich noch mehr erleben lassen. Also ging ich an die Universität und studierte Theologie.

Etwa zwei Jahre, nachdem ich die Flaschenpost ins Meer geworfen hatte, bekam auf der Insel Bolga im Norden Norwegens die Frau des Fischers Bjarne Laurids Johansen ihr fünftes Kind. Es war ein Junge und die Eltern nannten ihn Marius Alexander. Bolga liegt über dem nördlichen Polarkreis. Ich büffelte währenddessen tote Sprachen.

Marius Alexander wuchs auf dieser kleinen Insel mit ihren hundertfünfzig Einwohnern auf und war seine ganze Kindheit über umgeben vom Meer. Zu seinem sechsten Geburtstag schenkte ihm sein Vater ein Boot mit einem Außenbordmotor. Der Vater fuhr jeden Tag mit seinem Fischkutter hinaus aufs Meer.

Marius erkundete nun nicht mehr nur zu Fuß, sondern auch mit dem Boot die Insel. Er war ein Sachensucher. Schon viele Schätze hatte er entdeckt und geborgen. Sein

Zimmer war voll von wunderbaren glänzenden, glitzernden Funden. Ihr würdet vielleicht sagen, das ist doch alles wertloses Zeug, aber Marius liebte seine Schätze.

Eines Tages fand er sogar eine Flaschenpost. Da war er schon neun Jahre alt. Er hatte zunächst Schwierigkeiten, die Flasche zu öffnen. Aber mit der Wasserpumpenzange aus der Werkstatt seines Vaters gelang es. Er zog den eingerollten Zettel heraus und es war – ihr ahnt es schon – mein Brief. Marius staunte nicht schlecht.

Ich jedenfalls erhielt bald danach einen Brief von der deutschen Botschaft in Oslo. Ich lebte inzwischen an der Ostseeküste in Rostock, keine fünf Gehminuten vom Hafen entfernt. Als ich den Absender auf dem Brief las, dachte ich kurz an den Nobelpreis, bis mir einfiel, dass ich noch gar nichts Entscheidendes geleistet hatte. Ich öffnete den Brief und fand eine Postkarte von Marius mit einem Foto von der schönen kleinen Insel Bolga, die tatsächlich ein bisschen wie Lummerland aussieht, falls ihr das kennt.

Im Briefumschlag fand ich auch die Kopie meines Zettels, den ich vor inzwischen elf Jahren geschrieben und hinausgeworfen hatte in die Welt. Da musste ich mich erst mal setzen und durchatmen. Nun war es an mir, zu staunen. Meine kleine Cola-Flasche war ganz allein die ewig lange und zerklüftete Küste dieses langen Landes Norwegen hinaufgewandert. Der Golfstrom war zum Briefträger geworden und hatte sie mitgenommen. Elf Jahre hatte das gedauert. Als die Flasche begann, auf den Wellen tanzend zu wandern, war ich nicht mehr klein, aber ich war noch sehr jung. Marius aber, der war da nicht einmal geboren.

Ich hatte eine Flaschenpost ins Meer geworfen. Marius hatte sie gefunden und mir zurückgeschrieben. Zwischendrin waren ein paar Jahre vergangen. Vielleicht sagt ihr, ach, was ist das schon! Aber alle, die die Geschichte bisher gehört haben, haben richtig gestaunt. Und bestimmt hat Maria noch viel mehr gestaunt, als der Engel ihr gesagt hat, dass sie ein Kind von Gott bekommen wird. Diese Sache mit der Flaschenpost jedenfalls halte ich immer noch für ein ziemlich unerhörtes Ereignis.

Krippengrüße

Von Karl-Heinz Becker

„*Herzliche Grüße* auch an Anna Neuhaus, die heute ihren Geburtstag feiert ...“

Mehr nahm Elvira, die Putzfrau, die den Kirchraum zu reinigen hatte, von den Glückwünschen im Radio nicht wahr. In Gedanken war sie bei den heimischen Festvorbereitungen. Dann erklang in ihren Kopfhörern der amerikanische Song „Let it snow“, der sie, ihren Staubsauger und ihre Gedankenträume so richtig in Fahrt brachte. Das Lied begeistert vor sich hin summend, stieß Elvira mit dem Sauger leicht gegen die Glasvitrine, in der die

Weihnachtskrippe aufgebaut war. Plumps machte eine Figur und fiel um. Es war Melchior, der schwarze König. Er landete direkt auf der Krippe, in der das Jesuskind lag. Abgelenkt von ihren Gedanken und mit der weihnachtlichen Musik im Ohr, bemerkte Elvira von dem Unglück nichts.

Ein wenig später stieß der Bodenreiniger, den sie am langen Saugschlauch hinter sich herzog, noch einmal sacht gegen das Gestell unter der Vitrine. Nur ganz leicht. Aber der Knuff reichte, um auch einen Hirten und einen weiteren König zu Fall zu bringen. Auch die landeten auf der Krippe.

Später, nach der Reinigung des Raumes, kam der Küster, um den Altar zu gestalten. Für den Nachmittag war eine Adventsfeier für die ganze Gemeinde angesagt. Ziemlich gestresst, er hatte noch frische Blumen für den Altar besorgt, eilte er in die Kirche. Die Kerzen am Adventskranz musste er noch beschneiden, die Blumen auf dem Altar sorgsam drapieren und dann die Tische decken. Zum Glück standen sie schon. Da fiel sein Blick auf die Vitrine und die Krippe.

Ach du Schreck, was ist denn da passiert?, durchfuhr es ihn. Entsetzt sah er auf die umgestürzten Krippenfiguren. Sein erster Gedanke war, sie wieder aufzurichten. Doch leider, der Glasschrank war verschlossen, damit niemand mit den Figuren spielen und für Unordnung sorgen konnte. Ärgerlich, dachte der Küster. Nun gab es trotzdem Unordnung. Den Schlüssel hatte aber leider Pastor Freund noch in der Tasche. Und der war im Krankenhaus, um dort mit Patienten zu feiern. Er würde erst wieder zur nachmittäglichen Adventsfeier in der Kirche erscheinen. Nun denn, dachte der Küster geknickt, leben wir mit dem Chaos und warten, bis der Chef mit dem Schlüssel kommt.

Nachdem alle Tische gedeckt und geschmückt waren, trug der Küster nur noch das Lesepult nach vorn, um es neben der Vitrine abzustellen. Von dort aus, neben der Krippe, wollte der Pastor seine kleine Ansprache halten. Aber das Unglück nahm weiter seinen Lauf. Mit den Gedanken immer noch beim Chaos in der Vitrine, blieb der Küster mit einem Fuß an einem Tischbein hängen und geriet ins Stolpern. Blitzartig ließ er das Lesepult fallen, wankte, konnte sich aber im letzten Moment noch leicht abstützen – an dem Glasschrank. Der hielt dem Druck zum Glück stand, doch in ihm wurde es unruhig. Eine Figur nach der anderen verlor ihren Halt. Der letzte König, Balthasar, dazu Maria und Josef sowie die restlichen Hirten und das Vieh kippten zu Boden und landeten alle über der Krippe auf dem Jesuskind.

Dem Küster stand der Schweiß auf der Stirn. Was für ein Chaos. Und das kurz vor der Adventsfeier!

Am Nachmittag, als der Saal sich füllte, gab es unter den Gästen kaum ein anderes Thema als die umgestürzten Krippenfiguren. Etwas verspätet und darum schnellen

Schrittes, traf schließlich auch Pastor Freund ein. Seine Patienten in der Klinik hatte er verständlicherweise nicht sofort verlassen können. Einige hatten nach der kurzen Feier noch das Gespräch mit ihm gesucht.

Eilig und mit Leichenbittermiene stürzte der Küster auf ihn zu und zeigte ihm das Durcheinander in der Vitrine. Auch der Pastor bekam große Augen, griff automatisch in die Hosentasche, zog den Schlüssel hervor, verharrte dann aber, hielt ihn eine Weile in der Hand, überlegte und – lächelte. Dann steckte er den Schlüssel wieder ein. „Ist gut", sprach er, „das machen wir anders."

Während der Küster sich schulterzuckend in den hinteren Bereich des Kirchraumes verzog, sagte Pastor Freund die ersten gemeinsamen Lieder an, um Ruhe in die Gästeschar zu bringen. Das Klavier stimmte an und die Gemeinde sang fleißig mit. Nach dem abschließenden Klassiker „Macht hoch die Tür" trat der Pfarrer schmunzelnd ans Pult. Sein ursprüngliches Andachtskonzept warf er kurzerhand über den Haufen, zeigte auf die Krippenfiguren, die über dem Jesuskind lagen, und meinte: „Ist das nicht ein starkes Bild unseres Glaubens: Tiefer können wir nicht fallen. Ob wir stolpern oder geschubst werden, Christus trägt uns."

Fröhlich strahlte er seine Gemeinde an. Manche nickten mit dem Kopf, andere sahen ihn fragend an.

Da erhob sich in den vorderen Reihen Heike Ritter, die gerade eine schwierige Zeit hinter sich gebracht hatte. Sie blickte zuerst den Pfarrer und dann die Umsitzenden an:

„Ja, Christus trägt uns. Das habe ich selbst erfahren. Aber er tut noch mehr: Er richtet uns auch auf. Lieber Pastor Freund, können wir das nicht ... ja ... symbolisch nachvollziehen und die Figuren wieder aufstellen?“

Erfreut schaute der Theologe die Frau an. „Ein guter Vorschlag, Frau Ritter. Wer mag, kommt nach vorn und stellt mit uns die Figuren wieder auf.“ Dann zog er den Schlüssel hervor, öffnete die Vitrine und richtete zusammen mit der alten Dame und weiteren Gemeindegliedern die Figuren wieder auf.

Als sich nach der Feier die Gästeschar verabschiedete, gab es so manche, die nachdenklich ihren Heimweg antraten. Einige summten dabei freudig die vertrauten Weihnachtsmelodien vor sich hin, andere waren in sich gekehrt. Sie alle aber schienen zu ahnen, was es bedeutet, getragen und aufgerichtet zu werden.

Persische Grüße

Von Annekatrin Warnke

„*Herzliche Grüße*“ soll das also heißen?

Oliver schaut auf die persischen Schriftzeichen und schmunzelt. Im Prinzip kann Bahar ihm ja etwas vom Pferd erzählen. Aber warum sollte sie?

Die junge Frau mit den wunderbaren dunklen Augen und den schwarzen Locken will seiner Astrid wirklich einen lieben Gruß schicken. Bahar ist vierunddreißig und Mama eines Siebenjährigen.

Oliver und seine Astrid haben auch Kinder. Bereits erwachsene Kinder. Ihre älteste Tochter ist gerade dreißig geworden. Und jetzt hat Astrid die junge Bahar näher kennengelernt.

Bahar hat unter ihren Dankesbrief an Astrid geschrieben:

از شما خیلی سپاسگزارم، شما خیلی آدمهای خوبی هستید،
با سلامهای صمیمانه.

Und die Übersetzung gleich dazu: „Ihr seid eine sehr nette Familie. Herzliche Grüße, deine Freundin.“

Jetzt schaut Bahar Oliver leicht zweifelnd an.

Ha, und ob das seiner Frau gefallen wird, eine zwanzig Jahre jüngere Freundin zu haben. Klar! Und ein Dankesbrief auf Farsi, sorgfältig mit Tinte kalligrafiert, das wird ihr auch gefallen. Aber so was von!

Astrid liebt alles, was handgemacht ist und wunderschön aussieht. Vor allem, weil sie selbst „zwei linke Hände hat“, wie sie sagt.

Anlass für Bahars Grußkarte ist die Einladung, mit Astrid, Oliver sowie deren Kindern und Partnern den Heiligen Abend zu verbringen.

Oliver sieht diesem Ereignis in drei Wochen durchaus mit gemischten Gefühlen entgegen – alles hatte sich schon so gut eingespielt in den letzten Jahren! Spätestens am dreiundzwanzigsten waren alle drei im Land verstreuten Kinder mit ihren Lieben eingetrudelt, am Nachmittag des Heiligen Abends fuhr man gemeinsam zur Christvesper, anschließend wurde es dann beim traditionellen Fondue gemütlich. – Und diesmal soll also alles anders laufen!

Letzte Woche war Astrid plötzlich mit ihrer Idee um die Ecke gekommen. „Ich denke, es ist gut, wenn wir Bahar, Farzad und den Kleinen für Heilig Abend nach dem Gottesdienst zu uns einladen“, hatte sie gesagt. Und auch gleich ausgemalt, warum sie das für eine gute Idee hielt. Sie war neulich mit ein paar anderen deutschen Frauen bei Bahar in der Flüchtlingsunterkunft zu einem persischen Mittagessen eingeladen gewesen.

„Da gab es eine Reistafel – die war schon optisch der Hammer“, hatte sie geschwärmt. „Duftender weißer Reis, bestäubt mit knallgelbem Safran. Und das Ganze garniert mit dunkelroten Granatapfelkernen. Das sah so was von toll aus!“

Oliver konnte die Schwärmerei so überhaupt nicht mit einer eventuellen Heiligabend-Einladung in Verbindung bringen. Das sagte er auch.

„Ach ja“, rief Astrid, „das Wichtigste habe ich vergessen.“

Was Oliver nicht wirklich wunderte. Frauen haben eben ein Händchen dafür, sich in nebensächlichen Details zu verlieren, dachte er. Aber er verkniff sich die Bemerkung.

Astrid sprudelte auch schon weiter drauflos: „Bahar sagte, sie fände Weihnachten langweilig. Auf unser Nachbohren erklärte sie, dass alle Weihnachten in ihren Familien verbringen. Aber ihre große Familie sei im Iran. Sie wäre mit Farzad und dem Kleinen ganz alleine. Dann hat sie uns auf dem Smartphone Bilder von ihren Eltern und Geschwistern gezeigt und fing plötzlich bitterlich an zu weinen. Da müssen wir doch jetzt was tun, findest du nicht?“

So ganz unbedingt hatte Oliver das nicht gefunden. Astrid engagiert sich doch schon genug ehrenamtlich für Flüchtlinge!, murrte er innerlich. Zweimal in der Woche gibt sie Deutschunterricht in der Kirche. Da gehen zwei ganze Vormittage für drauf! Reicht das nicht? Ups, das war wohl nicht nur gedacht gewesen.

„Reicht das nicht?“, hatte Astrid ihn nachgeäfft. Dann kam die Umschaltung auf Schmusestimme. Echt blöd – in ihren dreißig Ehejahren hatte sie irgendwann gelernt, wann er weich wurde.

„Schatzi“, sagte sie dann und gab ihm einen Kuss, „es ist doch so: Diese fünf Stunden Unterricht in der Woche stehen fest in meinem Terminkalender. Da kann ich mit planen. Und nach meinen Einsätzen, da gehe ich meiner Wege. Und habe die lieben Leute nicht mehr auf dem Schirm.“

„Ja und?“, hatte Oliver vorsichtig nachgefragt.

„Nix: ja und – wenn wir Flüchtlinge wirklich willkommen heißen wollen, dann geht es doch noch um etwas anderes, oder? Willkommen heißen, das ist doch mehr als festgelegte Stunden wie einen Job abzuarbeiten. Dann geht es auch darum, Freunde zu sein, gemeinsam zu feiern und auch mal ein Opfer zu bringen.“

„Wie jetzt – Opfer?“ Oliver hatte gefunden, dass das nun doch ein zu großes Wort war für freundliche Gäste am Heiligen Abend.

„Na ja“, sagte sein Eheweib, „Einer von uns darf zum Essen keinen Wein trinken. Die drei müssen ja auch wieder nach Hause gefahren werden. Und ich sehe ja schlecht im Dunkeln.“

Verflixt! Daran hatte Oliver nun gar nicht gedacht. Ein gutes Weihnachtsessen und ein guter Wein gehören doch einfach zusammen! Da hatte er einen Geistesblitz: „Dann spendieren wir ihnen halt ein Taxi für die Rückfahrt.“

Astrid gab ihm noch einen Kuss und sagte bewundernd: „Wie klug du bist! Das ist wirklich eine grandiose Idee, Schatzi! Dann ist es also abgemacht!“

Oliver kam später der Verdacht, dass seine Frau ihn etwas überrumpelt hatte.

Tja, und nun steht Oliver also hier neben Bahar und sieht mit eigenen Augen, wie sehr die junge Frau sich auf den Heiligen Abend freut. Er ist gerührt, dass sie von ihm wissen möchte, ob sie in der Weihnachtskarte an Astrid die deutschen Wörter alle richtig geschrieben hat. Und sie hört nicht auf zu strahlen, so scheu sie auch ist: „Ich möchte zum Weihnachtsessen meine Reistafel mitbringen, die Astrid so schön fand. Ist das in Ordnung?“, fragt sie schüchtern.

Und ob das in Ordnung ist! So, wie Astrid es beschrieben hat, wird das Gericht wunderbar als Vorspeise zum Fondue passen, oder?

Ja, so langsam beginnt Oliver, sich auf einen wahrlich himmlischen Festabend zu freuen.

Wichtelgrüße

Von Katrin Schäder

„Herzliche Grüße
von deinem Wichtel“

Das schrieb man auf das Namenskärtchen zum Geschenk für „sein Wichtelkind“, damit alles seine Ordnung hatte. So war es Brauch bei Familie Neumann. Die Namen der Wichtelwilligen wanderten zuvor auf zusammengerollten

Zettelchen in eine Socke und dann folgte die große Ziehung. Jeder Anwesende fummelte ein „Los“ heraus. Sechs Teilnehmer hatte das Spiel in den letzten Jahren gehabt: die beiden alten „Neumänner“ und die beiden Töchter samt angeheirateten Schwiegersöhnen. So weit, so gut.

In diesem Jahr allerdings war alles anders gewesen, denn die Familie hatte es – ziemlich familienuntypisch – nicht geschafft, zur Zettelziehung zusammenzukommen. Deshalb hatte Mutter Neumann einfach jedem ein zugeklebtes Namenslos zugeteilt.

Als jedoch Teresa, geborene Neumann, den per Post zugestellten Zettel mit „ihrem Wichtelkind“ aufrollte, las sie – ihren eigenen Namen.

Mist! Aber gut, bei so wenigen Teilnehmern konnte das schon mal passieren. Doch was nun? Die einfachste Variante wäre, sich selbst etwas Schönes zu kaufen, es einzupacken, überrascht zu tun und sich zu freuen. Aber ... Es musste ja noch einen Zweiten geben, der sich auch selbst gezogen hatte. Am einfachsten wäre es, dann mit diesem zu tauschen. Aber wer ist dieser Zweite?

Teresa verhörte ihren Mann Carsten. Der behauptete zunächst, den Namen zu verraten verstieße gegen den Wichtelkodex. Doch dann rückte er wenigstens mit einer Teilwahrheit heraus. Nein, er hatte sich nicht selbst gezogen. Nein, er würde nicht mit ihr tauschen. Seiner Frau etwas schenken könne er schließlich das ganze Jahr über.

Teresa war genauso schlau wie vorher.

Ihre Schwester Kerstin war zunächst auch ratlos, hatte dann aber eine Idee: „Nimm doch Mutti!"

„Hä?" Teresa verstand nicht. „Und wer – ähm, wer bekommt mich?" Denn bei aller Bescheidenheit: Sie hatte keine Lust, bei der Geschenkeverteilung am vierten Advent freiwillig leer auszugehen.

„Ja, dann nehme ich dich eben noch dazu", sagte Kerstin unentschlossen.

„Wie, dann hast du zwei Wichtel? Und ein anderer beschenkt sich selbst? Och, nö ... Außerdem weiß ich ja dann, von wem ich etwas bekomme."

„Dann eben nicht!", sagte Kerstin etwas schnippisch und legte auf.

Kurz darauf klingelte erneut das Handy. Es war Kerstins Mann, ihr Schwager Jörg.

„Teresa? Kerstin hat mir von unserem Wichtelmalheur erzählt und dass du Mutti nehmen sollst. Ich vermute aber, dass Carsten, dein Göttergatte, Mutter gezogen hat. Nimm lieber Kerstin als Wichtelkind. Ihr Schwestern könnt euch doch am besten beschenken. Ich kläre das schon ... Und – äh, über was würdest du dich denn freuen? Du weißt doch, wie schlecht ich im Geschenke-Ausdenken bin."

So langsam verlor Teresa den Überblick. Sie sollte Kerstin nehmen, aber eigentlich wusste sie nicht, ob sich diese ebenfalls selbst ... Boah! War sie jetzt Jörgs „Wichtelkind"? Und was war mit Papa? Hatte sich vielleicht dieser am Ende selbst ...?

Wer hatte sich bloß diesen Blödsinn ausgedacht? Teresa wurde langsam wütend.

Um sich abzulenken baute sie erst einmal die Weihnachtskrippe auf. Nach all dem Hornvieh, den Hirten, deren Herden und der besonders sorgsam verpackten Heiligen Familie tauchten schließlich auch die drei Weisen ganz unten aus der Schachtel auf. Ob die wirklich Caspar, Melchior und Balthasar geheißen hatten? Ziemlich merkwürdige Namen für orientalische Wissenschaftler! Noch verwirrender als deren Namen fand Teresa allerdings, dass die Akademiker beim Verpacken offenbar die Geschenke für das Jesuskind fallen gelassen hatten. Was hieß, ein silbriges, ein goldenes und ein schwarzes Töpfchen lagen einzeln in der Schachtel. Ja, welches Geschenk gehörte denn nun zu wem? Und wer war wer?

Hörte das Gaben-Chaos in diesem Jahr überhaupt nicht auf?!

Doch! Und damit drückte Teresa kurzentschlossen jedem der hölzernen Weisen etwas in die Hand. Sollten sich diese untereinander einigen! Hauptsache war doch, dass sich der Empfänger – das Jesuskind – freuen sollte, egal, von wem die Gabe kam. Wichtig war, dass die himmlische Weihnachtsfreude weitergegeben wurde. Und dass jeder etwas abbekam.

Damit wanderten Teresas Gedanken zurück zu ihrem persönlichen Geschenkeproblem. Womit könnte man den potenziellen Wichtelkindern eine Freude machen – Mama, Papa, Kerstin, Jörg und Carsten?

In diesem Moment hatte Teresa eine Idee. Fünf streng geheime Gespräche folgten.

Am vierten Advent saß man erwartungsvoll bei Sonntagskaffee und Weihnachtsplätzchen – diesmal vollzählig anwesend. Gleich gab es die Wichtelpäckchen! Auch Erwachsene hatten kindliche Freude an Überraschungen und Geschenken, das wussten die Neumänner aus den Vorjahren.

Schließlich schleppte Mutter Neumann einen großen, mit einem Tuch abgedeckten Korb mit einiger Mühe auf den Tisch, direkt vor den „Babba", also Vater Neumann. Die Verteilung der Wichtelgeschenke war „Sache des Haushaltsvorstands". Schon zuvor waren diese, mit Namensschildchen versehen, heimlich abgegeben worden.

Und dann nahm die vorgezogene Bescherung ihren Lauf. „Babba" angelte unter dem Tuch im Korb, zog ein Päckchen heraus, las mit bedeutungsschwangerer Stimme – es klang mindestens so wichtig wie die Weihnachtsansprache des Bundespräsidenten! – den jeweiligen Namen vor und übergab das Präsent dem Genannten. Diesmal schien das Prozedere kein Ende zu nehmen. Ein Päckchen nach dem anderen wurde überreicht, doch der Korb wurde und wurde nicht leer!

Längst hatte jeder mehr als ein Wichtelgeschenk vor sich liegen. Aber die durften wie immer erst auf ein Zeichen des Oberwichtels hin geöffnet werden.

Schließlich waren es fünf. Fünf Päckchen. Für jeden!

Die Neumänner schauten mehr oder weniger verblüfft auf das kleine Geschenkgebirge aus Wichtelgrüßen, bis es auch beim letzten „Klick“ gemacht hatte. Na klar, Teresas geheimnisvolle Idee, statt einem einfach alle fünf zu beschenken – damit auch ganz sicher jeder etwas bekam! Erst war es still, dann war ein Glucksen zu hören, das sich schließlich in einem vorweihnachtlichen Gelächter entlud. Und die Neumannsche Weihnachtsgrußhistorie war um eine Anekdote reicher.

Dachbodengrüße

Von Rebecca Dernelle-Fischer

„*Heeerz-z-lich-e Grüüü-ß-eee,* von W-a-lll-ttt-errr.“ Nina liest im Schneckentempo die Weihnachtskarten, die mit der Post gekommen sind.

„Mama, das war jetzt die Letzte. Hört mal, wie schön der Spruch darauf ist!“

Matea schnappt sich die Karte. Sie kann schon viel besser lesen und meint „Jetzt bin ich dran! Hier: ‚Mit dir selber, mein Befreier, will ich halten Weihnachtsfeier; komm, ach komm ins Herz hinein, lass es deine Krippe sein.‘“

Ich höre genau zu und werde einen Moment lang ganz friedlich. Dieses Lied habe ich so oft als Kind gesungen. Was ist mit meiner Weihnachtsfreude eigentlich passiert?

Weit weg scheint die Zeit, als ich noch ganz ungeduldig auf Heiligabend gewartet habe. Heute würde ich am liebsten noch ein paar Tage dazu bestellen, um alles zu schaffen, was auf meiner To-do-Liste steht. Ich bin so müde und gestresst! Tja, Weihnachtzeit ist für Mamas echt keine Entspannungskur. Es ist der normale Alltagswahnsinn in Ausgabe „Plus“, plus alle Extras: Basteln, Backen, Dekorieren, Erzählen, Einkaufen, Packen, Schnee schippen, Schneeanzüge anziehen … und dann gleich weiter, gleich alles noch einmal von vorn: Basteln, Backen, …

Das Ganze ähnelt irgendwie den olympischen Winterspielen. Dieses Jahr melde ich mich zum Wettkampf in den Kategorien „Schneeanzug schnell anziehen“ und „Nerven behalten beim Backen mit Kleinkindern“.

Was für eine Zeit! Es geht alles so schnell! – Besinnlichkeit?! Eine Krippe sein?! Ich schaue um mich um und seufze lange. Einen Befreier könnte ich schon gebrauchen, aber am besten gleich eine ganze Armee von Helfern.

In unserem Wohnzimmer herrscht ein buntes Chaos: Eine große Kiste liegt auf dem Boden. Die Weihnachtskugeln rollen überall herum. Aus der Küche riecht es nach verbrannten Plätzchen. Und der hauseigene Kinderchor schreit mir seit einer gefühlten Ewigkeit „Leise rieselt der Schnee“ ins Ohr.

Die Mädels sind so aufgeregt! Heute stellen wir unsere Weihnachtskrippe auf, und morgen ist es so weit, morgen holen wir den Weihnachtsbaum!

Ich fürchte mich schon vor diesem Tag. Jedes Jahr geht

dabei etwas schief, und jedes Jahr streite ich deshalb heftig mit meinem Mann. „Alle Jahre wieder … kommt der Weihnachtsstreit …“

Und, menno, wo steht dieser Weihnachtsbaumständer? Seit unserem Umzug stehen noch so viele Kisten auf dem Speicher. Ob unser toller Design-Weihnachtsbaumständer dort noch zu finden ist?

Ich lasse die Kinder kurz bei meinem Mann und gehe auf den Dachboden. Ich habe es immer geliebt, dort oben allein zu sein. Die Sonnenstrahlen kommen nur sparsam herein und verwandeln dabei den ganzen Staub in Gold. Dort ist Träumen angesagt, ein Ort voller Ferien, die Hoffnung, etwas Besonderes zu finden.

Wie wäre es mit einer Zeitmaschine? Ich lache ein bisschen, als ich das denke, und schaue mich um. Die alte Babywiege meiner Kinder liegt unter einem weißen Tuch und macht mich schon ganz nostalgisch. Mit den Augen überfliege ich die verschiedenen Aufschriften auf den Kisten. Ich mache schnell die Augen zu, wenn ich „zu sortieren“ und „dringend“ lese.

Und dann, da, in der Ecke, stehen zwei Kisten, auf denen groß „Weihnachten“ steht. Die vom Baumarkt erkenne ich gleich und freue mich schon. Darin habe ich unseren Weihnachtsbaumständer letztes Jahr verstaut.

Die andere Kiste ist viel älter. Das Klebeband hält seit-Langem nicht mehr und hat einen gelben Streifen hinterlassen. Mit einem Lächeln im Gesicht denke ich wieder an meine Zeitmaschine. Was, wenn ich doch durch die Zeit reisen könnte? Es riecht nach Vergangenheit. Alles steht still, und diesen Moment der Ruhe gönne ich mir jetzt. Ich liebe diese Atmosphäre. Und so knie ich da, mitten im Staub. Als ich den Deckel der Kiste aufmache, kommt die alte Bewunderung wieder: Omas Weihnachtskrippe steht darin. Ihre schöne alte Holzkrippe! Ich glaube es kaum. Meine liebe Oma ist von einem Moment zum andern ganz nahe. Ich hole Maria aus der Verpackung, Josef, die Hirten und dann den Engel aus hellem Holz. Ich suche noch etwas, das kleine Baby, das habe ich immer so geliebt. Ich finde ein altes Buch und darunter, ja, da ist der kleine Jesus.

Automatisch nehme ich das Buch in die Hand und halte kurz den Atem an. „Heilige Schrift“ ist in Gold auf schwarzes Leder geprägt. Das ist die Bibel meiner Oma, ihre Bibel, da auf meinem Speicher!

Ich halte sie fest und atme, so tief ich kann. Wie viele Bilder, wie viele Erinnerungen da lebendig werden!

„Liebe Oma, wo bist du denn jetzt, wenn ich dich brauche?“

Ich denke so sehr an sie, dass ich ihre Stimme fast hören kann: „Mein kleiner Sonnenstrahl! Komm, lass uns zusammen die Krippe aufbauen.“

Ich habe die Augen geschlossen, sehe ihr Gesicht und höre sie leise singen: „Mit den Hirten will ich gehen“. Und zusammen stellen wir die Hirten und die Schafe auf. Wir singen immer wieder einen Vers, dann schweigen wir immer wieder ein bisschen. Und ab und zu sagt sie mir leise: „Lass uns eine Krippe sein, mein Schatz!“

Eine nach der anderen nehme ich jetzt die Figuren in die Hand und singe: „Mit den Engeln“, „mit Maria“, … Hier, auf meinem Dachboden, singe ich vor mich hin, wie damals.

Jetzt ist Baby Jesus ist dran. Ganz zum Schluss. Meine Oma hat dann immer ihre Bibel aufgeschlagen und darin gelesen.

Alles um mich ist nun so … so … ja, besinnlich! Mir ist das Chaos im Wohnzimmer total egal geworden. Ich habe den kleinen Jesus auf meinen Schoß gelegt. Er lächelt mich an. Langsam und feierlich schlage ich das alte Buch auf.

Auf die erste Seite hat Oma unsere Bilder geklebt: ein Foto von Opa, von meinen Eltern und von mir als Kind, mit meinen zwei schönen Zöpfchen.

Auf die zweite Seite hat sie einen Bibelvers geschrieben. Man kann es kaum noch lesen. „Herr, du weißt alle Dinge, du weißt, daß ich dich lieb habe.“

Ich kann meine Tränen nicht mehr aufhalten. Ich fühle mich so klein wie das Mädchen von damals. Ich blättere, streichle die vergilbten Seiten. Das Papier ist sanft wie Seide.

Weiter innen finde ich eine alte Weihnachtskarte, von mir geschrieben – voller Fehler, voller Liebe. Auf den Rand hat meine Oma geschrieben: „Von meinem kleinen Sonnenstrahl. Segne sie grade jetzt in dieser Stunde, lieber Heiland, segne sie.“

Ich nehme Baby Jesus in die Hand, und als ich ihn in die

Krippe lege, lese ich in der Bibel die Weihnachtsgeschichte. Ich mache die Augen zu und singe, wie ein Gebet, wie ein Kind, wie damals: „Mit dir selber, mein Befreier, will ich halten Weihnachtsfeier; komm, ach komm ins Herz hinein, lass es deine Krippe sein."

Als ich die Treppen heruntergehe, trage ich behutsam eine alte Kiste: voller Glauben, voller Hoffnung, voller Liebe. Das Chaos ist immer noch da, und Jennifer schreit schon „Mama, Mama, ich habe unseren Jesus gefunden! Er war im Klopapier versteckt!"

Ich lache von Herzen und sage, „Holt euch Kekse, ein Glas Milch und jeder ein Kissen! Ich habe eine Überraschung für euch!"

Und ich flüstere immer wieder: „Danke, Jesus, für diese herzlichen himmlischen Grüße."

Himmlische Grüße

Von Eckart zur Nieden

„*Herzliche Grüße*" stand auf der Einladung. Eine Doppelkarte zum Aufklappen. Und von einer Weihnachtsfeier stand etwas drauf, zwischen Sternen und Tannenzweigen. Aber das mit den herzlichen Grüßen habe ich besonders behalten, weil ich nachher den tieferen Sinn …

Aber ich will mal der Reihe nach erzählen, damit ihr es versteht, die Geschichte ist kompliziert genug.

Anfang November besuchte mich Thomas. Wir hatten uns schon zwei Jahre nicht mehr gesehen, weil er jetzt in Berlin wohnt. Wir waren zusammen in Neubrandenburg in die Schule gegangen, hatten dann manches Abenteuer gemeinsam erlebt und – offen gestanden – auch manches nicht ganz saubere Ding zusammen gedreht.

Thomas erzählte mir, dass er einen Brief bekommen hatte von einem gewissen Eberhard Volkhauser aus Stuttgart. Der Mann war ein ziemlich reicher Unternehmer – gewesen, muss man wohl sagen. Jetzt war er zweiundneunzig. Und er hatte das Bedürfnis, weil er annahm, dass er bald sterben würde, noch einmal mit allen seinen Nachkommen Weihnachten zu feiern. In einem vornehmen Stuttgarter Hotel, er kann sich so was leisten.

Als der alte Herr Volkhauser nun eine Liste aller Nachkommen zusammenstellte, die er einladen wollte, fiel ihm ein, dass er in jungen Jahren als Wehrmachtssoldat ein Verhältnis zu einem Mädchen hier in Neubrandenburg hatte, ein Verhältnis, aus dem ein Kind hervorging. Wenn ich es richtig einschätze, hatte er das wohl nie vergessen, aber verdrängt. Nun ja, da waren die chaotischen Kriegs- und Nachkriegsjahre, dann die innerdeutsche Grenze. Jetzt im Alter wollte er sich dazu stellen und reinen Tisch machen. Er beauftragte eine Detektei, nach eventuellen Nachkommen aus der damaligen Verbindung zu suchen. Und die kamen auf Thomas. Er ist als Einziger übrig, der Urenkel von Volkhauser.

Und nun kam die Einladung. Zur Weihnachtsfeier mit der ganzen großen Familie, von der Thomas null Ahnung hatte. Er würde ja gern hingehen, sagte er, vor allem, weil es ja sein könne, dass es da mal was zu erben gibt. Aber er könne leider nicht, er müsse eine Haftstrafe antreten. In drei Tagen müsse er sich melden. Sechs Monate wegen … na ja, das gehört jetzt nicht hierher.

Thomas wollte, ich sollte an seiner Stelle hingehen.

„Die kennen dich nicht“, meinte er, „mich kennen sie ja auch nicht.“

Also, da musste ich erst einmal schlucken. Und nachdenken. Aber als Thomas dann sagte, wenn er mal was erben sollte von dem reichen Pinkel, würde ich ein Viertel davon kriegen, da war mein Entschluss gefasst: Ich gehe hin und spiele Thomas.

Der Alte hatte geschrieben – na ja, wahrscheinlich nicht er, sondern eine Sekretärin – alle Kosten würden erstattet. Thomas sollte von Berlin nach Stuttgart fliegen. Im Hotel wäre ein Zimmer gebucht.

Also ging Thomas in den Knast und ich ins Fünfsternehotel.

Ich kann euch sagen – mir war nicht nach Luxus zumute, ich wusste überhaupt nicht, wie man sich in so vornehmen Kreisen verhalten muss. Einer der Söhne des Alten hieß uns – mich und andere, die von weit her kamen – willkommen.

Man wusste, wer ich war, beziehungsweise sein sollte. Ich hatte das Gefühl, dass einige der Enkel und Urenkel nicht glücklich waren über meine Anwesenheit, vielleicht in dem Gedanken, dass sich dann ihr Erbe verringern könnte. Andere aber waren sehr freundlich, fragten mich aus und veranlassten mich damit zu einem ganzen Sack voller Lügen.

Für Sonntagnachmittag, den vierten Advent, war die Feier angesetzt. Da erst erschien Eberhard Volkhauser, den man wohl bis dahin schonen wollte. Er saß in einem Rollstuhl, konnte aber mit einem Stock auch kurze Strecken gehen.

Der Sohn, auch schon neunundsechzig, stellte mich vor.

„Das ist Thomas Kühne, Papa, dein Urenkel aus Berlin." Der Alte sah mich eine Weile schweigend an, mir wurde unheimlich, dann sah ich auf einmal, wie seine Augen feucht wurden. Er versuchte aufzustehen, andere sprangen herbei und halfen ihm. Als er stand, nahm er mich in die Arme, drückte mich an sich und weinte.

Ich kann gar nicht beschreiben, was ich dabei für Gefühle hatte.

Scham vor allem. Scham dafür, dass ich diese Empfindungen bei ihm ausgelöst hatte und seine Zuneigung spürte, obwohl ich sie nicht im Geringsten verdient hatte. Wir sagten beide nichts. Ich hätte auch beim besten Willen nicht gewusst, was ich hätte sagen sollen.

Auch beim anschließenden Festessen war ich kein guter Gesellschafter. Ich saß neben einer entfernten „Tante“, in den Vierzigern, die mit reichlich Schmuck behangen war und die mir leise erklärte, was ich mit der Artischocke machen musste, die es als Vorspeise gab. Auf der anderen Seite saß ein Endzwanziger, der Arno hieß und ein Computergeschäft in Oldenburg besaß.

Später gab es eine weihnachtliche Feierstunde. Einige Familienangehörige spielten ein Stück für Querflöte, zwei Geigen und Cello. Mit der Musik konnte ich nicht viel anfangen, aber die zwei Schwestern mit den Geigen sahen toll aus.

Ja, und dann – mir blieb fast das Herz stehen!

Der alte Herr Volkhauser bat mich, zu ihm zu kommen. Als ich neben ihm saß, begann er mit einer feierlichen Rede. Mit Tränen in den Augen erzählte er, er habe damals sein erstes Kind verleugnet. Das tue ihm heute schrecklich leid. Ich möge ihm doch verzeihen. Und ich sollte etwas berichten von meiner Mutter und Großmutter, den Generationen dazwischen. Ich dachte an alles das, was ich mit Thomas vereinbart hatte, und wie ich auch mit den Schwierigkeiten in der DDR auf die Tränendrüsen drücken sollte.

Aber ich konnte nicht. Ich kann nicht genau erklären, warum. Aber es war mir einfach nicht möglich, vor diesem gütigen alten Mann und seinen Nachkommen noch länger zu lügen. Also schwieg ich.

Da stand einer der Enkel auf, ein Mann um die vierzig. Später erfuhr ich, dass er Pfarrer in Lehrte bei Hannover war. Er war gebeten worden, eine Andacht zu halten. Nun merkte er meine Verlegenheit und hielt den Augenblick für gekommen einzugreifen.

Er stand auf, klopfte an sein Glas – was mir als Einstieg in eine Predigt etwas unpassend schien – und begann. Er bezog sich auf eine Geschichte, die anscheinend in der Bibel steht, ein „Gleichnis vom verlorenen Sohn". Ich sei auch so ein verlorener Sohn, wenn auch genau genommen ein Urenkel, der „nach Hause" fände, und damit ein Beispiel für Menschen, die zu Gott kommen und von ihm liebevoll aufgenommen werden.

Das war der Gipfel der Peinlichkeit für mich.

„Moment!", unterbrach ich die Rede. „Ich ... ich gehöre nicht zur Familie!"

Das verstanden sie zunächst nicht, sie fragten weiter,

sie bohrten nach, und schließlich blieb mir nichts anderes übrig, als alles zu erzählen.

„Ich bin nicht Thomas Kühne. Der konnte nicht kommen, weil er im Gefängnis sitzt. Ich bin sein Freund und heiße Ernst Wimmer."

Eisiges Schweigen herrschte für etwa eine halbe Minute. Dann sprangen einige auf und man hörte Ausrufe der Empörung.

Eberhard Volkhauser aber hob die Hand, da trat wieder Stille ein.

Er sagte: „Du vertrittst also meinen Urenkel? Danke, dass du gekommen bist! Es ist natürlich schade, dass Thomas nicht kommen konnte, vielleicht ergibt es sich noch, ehe ich sterbe. Aber du bist ja da. Komm, sag' Uropa zu mir!"

Und er legte den Arm um meine Schultern und zog mich zu sich heran.

Auch die Gefühle dieses Augenblicks kann ich kaum beschreiben. Statt mich zu verjagen, erwies er mir Freundlichkeit. Dazu gab es nicht den geringsten Grund. Das empfanden wohl auch manche von den Verwandten so, wie ich an den Gesichtern ablesen konnte. Aber mein neuer „Uropa" ließ sich dadurch nicht irre machen. Er strahlte mich an und bat mich, Thomas zu grüßen, wenn ich ihn im Gefängnis besuchte.

Der Pfarrer, der auch Volkhauser hieß, ergriff wieder das Wort. Nun, sagte er, das Gleichnis vom verlorenen Sohn wäre wohl nicht mit unsrer Geschichte zu verbinden. Das ändere aber nichts daran, dass Gott jeden in Liebe aufnehme, der zu ihm komme, auch wenn es vorher gar keine Verbindung gab. Und das ließe sich mit unsrer Geschichte illustrieren. Ja, der Vater im Himmel suche jeden und sehne sich nach jedem. Das sei es ja gerade, was wir zu Weihnachten feiern:

Gott kommt aus seiner ewigen Welt selbst zu uns. Damals, im Stall von Bethlehem, und auch heute. Auch heute grüßt er uns und schenkt uns Liebe, unverdiente unergründliche Liebe.

Ich weiß nicht, ob ihr das verstehen könnt – diese Predigt bewegte mich sehr. Aufgewühlt wie ich war – beschämt, aber auch beglückt von der Zuneigung des alten Mannes, drängte sich mir der Gedanke auf: Wenn dies hier nur ein kleines Beispiel ist für Gottes Liebe, wie groß muss die dann erst sein! Zu allen, auch zu mir!

Ich weiß nicht, wie Thomas darüber denkt, wenn ich ihm davon erzähle. Ich weiß auch nicht, ob er jemals etwas erben wird, was er sich ja erhofft hatte.

Aber ich habe geerbt, ich habe ohne eigenes Zutun etwas Großes geschenkt bekommen. Nicht nur von meinem falschen „Uropa“ Volkhauser, sondern vom ewigen Vater im Himmel.

Der Mensch gewordene Gruß des Himmels

oder:

Das Mensch gewordene Wort Gottes

Von Johannes

Am Anfang war das Wort; das Wort war bei Gott, und das Wort war Gott. Der, der das Wort ist, war am Anfang bei Gott. Durch ihn ist alles entstanden; es gibt nichts, was ohne ihn entstanden ist.

In ihm war das Leben, und dieses Leben war das Licht der Menschen. Das Licht leuchtet in der Finsternis, und die Finsternis hat es nicht auslöschen können.

Nun trat ein Mensch auf; er war von Gott gesandt und hieß Johannes.

Er kam als Zeuge; sein Auftrag war es, als Zeuge auf das Licht hinzuweisen, damit durch ihn alle daran glauben. Er selbst war nicht das Licht; sein Auftrag war es, auf das Licht hinzuweisen. Der, auf den er hinwies, war das wahre Licht, das jeden Menschen erleuchtet – das Licht, das in die Welt kommen sollte.

Er war in der Welt, aber die Welt, die durch ihn geschaffen war, erkannte ihn nicht. Er kam zu seinem Volk, aber sein Volk wollte nichts von ihm wissen.

All denen jedoch, die ihn aufnahmen und an seinen Namen glaubten, gab er das Recht, Gottes Kinder zu werden.

Sie wurden es weder aufgrund ihrer Abstammung noch durch menschliches Wollen, noch durch den Entschluss eines Mannes; sie sind aus Gott geboren worden.

Er, der das Wort ist, wurde ein Mensch von Fleisch und Blut und lebte unter uns. Wir sahen seine Herrlichkeit, eine Herrlichkeit voller Gnade und Wahrheit, wie nur er als der einzige Sohn sie besitzt, er, der vom Vater kommt.

Auf ihn wies Johannes die Menschen hin. „Er ist es!“, rief er.

(Wort Gottes: Johannes 1,1 ff., Neue Genfer Übersetzung)

Die Original-Weihnachtsgeschichte
Die Geburt Jesu

Von Lukas

In jener Zeit erließ Kaiser Augustus den Befehl an alle Bewohner seines Weltreichs, sich in Steuerlisten eintragen zu lassen. Es war das erste Mal, dass solch eine Erhebung durchgeführt wurde; damals war Quirinius Gouverneur von Syrien. So ging jeder in die Stadt, aus der er stammte, um sich dort eintragen zu lassen.

Auch Josef machte sich auf den Weg. Er gehörte zum Haus und zur Nachkommenschaft Davids und begab sich deshalb von seinem Wohnort Nazaret in Galiläa hinauf nach Betlehem in Judäa, der Stadt Davids, um sich dort zusammen mit Maria, seiner Verlobten, eintragen zu lassen. Maria war schwanger. Während sie nun in Betlehem waren, kam für Maria die Zeit der Entbindung. Sie brachte ihr erstes Kind, einen Sohn, zur Welt, wickelte ihn in Windeln und legte ihn in eine Futterkrippe; denn sie hatten keinen Platz in der Unterkunft bekommen.

In der Umgebung von Betlehem waren Hirten, die mit ihrer Herde draußen auf dem Feld lebten. Als sie in jener Nacht bei ihren Tieren Wache hielten, stand auf einmal ein Engel des Herrn vor ihnen, und die Herrlichkeit des

Herrn umgab sie mit ihrem Glanz. Sie erschraken sehr, aber der Engel sagte zu ihnen: „Ihr braucht euch nicht zu fürchten! Ich bringe euch eine gute Nachricht, über die im ganzen Volk große Freude herrschen wird. Heute ist euch in der Stadt Davids ein Retter geboren worden; es ist der Messias, der Herr. An folgendem Zeichen werdet ihr das Kind erkennen: Es ist in Windeln gewickelt und liegt in einer Futterkrippe."

Mit einem Mal waren bei dem Engel große Scharen des himmlischen Heeres; sie priesen Gott und riefen: „Ehre und Herrlichkeit Gott in der Höhe, und Frieden auf der Erde für die Menschen, auf denen sein Wohlgefallen ruht."

Daraufhin kehrten die Engel in den Himmel zurück.

Da sagten die Hirten zueinander: „Kommt, wir gehen nach Betlehem! Wir wollen sehen, was dort geschehen ist und was der Herr uns verkünden ließ."

Sie machten sich auf den Weg, so schnell sie konnten, und fanden Maria und Josef und bei ihnen das Kind, das in der Futterkrippe lag.

Nachdem sie es gesehen hatten, erzählten sie überall, was ihnen über dieses Kind gesagt worden war. Und alle, mit denen die Hirten sprachen, staunten über das, was ihnen da berichtet wurde.

Maria aber prägte sich alle diese Dinge ein und dachte immer wieder darüber nach.

(Wort Gottes: Lukas 2,1-19, Neue Genfer Übersetzung)

Petra Hahn-Lütjen (Hrsg.)

Danke*schön*Geschichten

80 Seiten, Taschenbuch
ISBN 978-3-7655-4284-8

Danke!
Merci. Merci vielmals. Thank you.
Gracias. Obrigado. Takk.
Tesekkür ederim. Bedankt. Grazie …

Manchmal braucht ein „Danke“ eine Geschichte – hier sind 14 neue Kurzgeschichten dazu: lauter lebhafte und leise, lässige und lebensweise Danke*schön*Geschichten extra für dieses Buch geschrieben von:

Karin Ackermann-Stoletzky, Rebecca Dernelle-Fischer, Uwe Heimowski, Mathias Jeschke, Tanja Jeschke, Ursula Koch, Marie-Sophie Maasburg, Andreas Malessa, Eckart zur Nieden, Katrin Schäder, Manfred Siebald, Fabian Vogt, Annekatrin Warnke

BRUNNEN VERLAG GIESSEN
www.brunnen-verlag.de

Silke Stattaus

Guten Morgen!

52 Minuten-Andachten

112 Seiten, gebunden
ISBN 978-3-7655-0966-7

Für Männer – für Frauen – für „jedermann“: 52 Guten-Morgen-Andachten für einen rundum guten Start in den Tag! Jede gerade mal 1 ½ Minuten kurz. Aber mit allem drin und dran, was den Morgen gut macht:

- ein guter Grund zu lächeln
- ein guter Gedanke fürs Hirn
- ein gutes Wort von einem menschenfreundlichen Gott

Silke Stattaus lädt ein – zu einem gesegneten Start in den Tag!

„Immer, wenn bei meinen vielen Fahrten durchs Land eine Radioandacht kommt, höre ich gerne und genau hin. Silke Stattaus' Andachten kann ich jetzt auch überall und jederzeit nachlesen. Was mich sehr freut, denn sie sind liebevoll, unterhaltsam, alltagsnah – und sie sprechen mich an!“

Tim Niedernolte, TV-Moderator

BRUNNEN VERLAG GIESSEN
www.brunnen-verlag.de